YOUR KNOWLEDGE HAS VALUE

- We will publish your bachelor's and master's thesis, essays and papers

- Your own eBook and book - sold worldwide in all relevant shops

- Earn money with each sale

Upload your text at www.GRIN.com
and publish for free

Irena Glodowska

Van Ostaijen en Przybyszweski

Berlijn in de moderne Nederlandse literatuur

GRIN Verlag

Bibliografische Information der Deutschen Nationalbibliothek:

Die Deutsche Bibliothek verzeichnet diese Publikation in der Deutschen National-
bibliografie; detaillierte bibliografische Daten sind im Internet über http://dnb.d-
nb.de/ abrufbar.

Dieses Werk sowie alle darin enthaltenen einzelnen Beiträge und Abbildungen
sind urheberrechtlich geschützt. Jede Verwertung, die nicht ausdrücklich vom
Urheberrechtsschutz zugelassen ist, bedarf der vorherigen Zustimmung des Verla-
ges. Das gilt insbesondere für Vervielfältigungen, Bearbeitungen, Übersetzungen,
Mikroverfilmungen, Auswertungen durch Datenbanken und für die Einspeicherung
und Verarbeitung in elektronische Systeme. Alle Rechte, auch die des auszugsweisen
Nachdrucks, der fotomechanischen Wiedergabe (einschließlich Mikrokopie) sowie
der Auswertung durch Datenbanken oder ähnliche Einrichtungen, vorbehalten.

Imprint:

Copyright © 2007 GRIN Verlag GmbH
Druck und Bindung: Books on Demand GmbH, Norderstedt Germany
ISBN: 978-3-640-38199-9

This book at GRIN:

http://www.grin.com/en/e-book/129398/van-ostaijen-en-przybyszweski

GRIN - Your knowledge has value

Der GRIN Verlag publiziert seit 1998 wissenschaftliche Arbeiten von Studenten, Hochschullehrern und anderen Akademikern als eBook und gedrucktes Buch. Die Verlagswebsite www.grin.com ist die ideale Plattform zur Veröffentlichung von Hausarbeiten, Abschlussarbeiten, wissenschaftlichen Aufsätzen, Dissertationen und Fachbüchern.

Visit us on the internet:

http://www.grin.com/

http://www.facebook.com/grincom

http://www.twitter.com/grin_com

Inleiding:

In mijn referaat ga ik twee beelden van Berlijn presenteren. Aan de andere kant wil ik over het beeld van Berlijn van een Polse schrijver S. Przybyszewski vertellen, die van 1892 tot 1898 in Berlijn was. Hier war mijn poging dat ik deze schrijver met de ervaringen van Berlijn van Albert Verwey, die 1898 in Berlijn aankwam, ga vergelijken. Dat is helaas niet mogelijk omdat na mijn onderzoek de primair tekst van Verwey *Holland en Duitschland* niet te krijgen is. Daarom ook probeer ik aan andere kant het Nederlandse of echter Vlaamse beeld van Berlijn van Paul van Ostaijen, die 1918 in Berlijn aankwam, te tonen. In mijn referaat zal ik me aan de volgende punten houden:

- korte gegevens van de schrijvers
- de Berlijnse periode van de auteurs
- het beeld van Berlijn in hun werken
- afsluitend: overeenkomst en verschillen van de uitbeelding van Berlijn bij Przybyszewski en Van Ostaijen.
- Handout- een vergelijking Przybyszewski en Van Ostaijen

1. Korte gegevens van de schrijvers

1.1 Przybyszewski- biografie

Toneelschrijver, romanschrijver, dichter, publicist, vertaler (Łojewo, 7.05.1868 – Jaronty, 23.11.1927, Polen)

Stanisław Przybyszewski was de zoon van een dorpsonderwijzer in een klein dorpje vlakbij Torun. Eerst was hij leerling aan het Duitse gymnasium in Toruń. 1889 vertrok hij naar Berlijn waar hij architectuur en medicijnen studeerde. In 1891 werkte hij om in zijn levensonderhoud te voorzien in de redactie van *Gazeta Robotnicza*. Door de samenwerking aan de komunistische tijdschrift werd hij uit de universiteit verbannen. Door een vriend doctor Asch, in wiens huis hij vak gast was, kwam Przybyszweski in aanraking met uitmuntende persoonlijkheden uit het culturele leven in Berlijn, zoals o.a. Alfred Mombert, Edvard Munch, Ola Hansson. Daar kwam hij ook in aanraking met de nieuwe stromingen in de geesteswetenschappen: met het naturalisme van Emile Zola, met de filosofie van Arthur Schopenhauer, Friedrich Nietsche en Henri Bergson alsmede met de werken van de Duitse en Scandinavische schrijvers – Henrik Ibsen en August Strindberg. Een jaar later publiceerde hij in het Duits de studie 'Uit de psychologie van scheppende eenheden'. In 1893 trouwde hij met de Noorse Dagny Juel, die gezien werd als een *femme fatale,* maar had een sterke positie in Berlijnse artistieke bohémien. In de daaropvolgende jaren (1893-1897) ontstonden de prozagedichten *Totenmesse, Vigilien, De profundis, Am Meer,* en verschillende studies, o.a. over Munch, Hansson en Nietsche. Ook ontstonden de eerste romans, eveneens geschreven in het Duits: *Homo sapiens* en *Satans Kinder.* In de laatste verschenen demonische elementen die in latere romans (*Synagoga szatana, Il regno doloroso*) terug zouden keren. In 1898 vertrok Przybyszewski naar Krakau waar hij al snel de leider werd van de artistieke bohémiens van 'Młoda Polska'. In zijn schrijverschap zijn manifesten die moderniserende leuzen propageerden als "kunst voor de kunst" te vinden. Veel helden in zijn drama's zijn weer geslingerd tussen de deterministische natuurwetten en een enorme levenswil. Hij overleed in een dorp in Polen in 1927.

1.2 Biografie van Ostaijen

Leopold Andreas van Ostaijen werd op 22. februari 1896 in Antwerpen geboren als zoon van een Nederlanders en Limburgse moeder. Paul was de jongste van zeven kinderen. Eerst volgde hij katholieke scholen. Hij was geen goede leerling. Terwij zijn medeleerlingen nar Gezelle en Van de Woestijne keken, toont hij de belangstelling voor Rilke, Rimbeaud en Verlaine. Hij werd von de jezuïtenschool gestuurd omdat hij verboden lectuur las en verspreidde. Hij ging naar de koninklijk atheneum, waar hij zich bij de literair *Vlaamsche Bond* aansloot. Hij vooltiode zijn middelbare opleiding niet en ging aan de slag als bediende op het stadhuis van Antwerpen. Tijdens de Wereldoorlog publiceerde hij in verschillende kranten als *De Vlaamsche Gazet* of *Antwerpsche Courant.*

Er was een groot contrast tussen het bruisende uitgangsleven inhet statiekwartier met zijn cafè Hulstkampen zijn music halls aan de ene kant, en de somberheid van de bezetting aan de tweede kant. In die tijd proefde Ostaijen gretig van het nachtleven en cocaïne. Zijn eerste door Duitse expressionisme beïnvloede literaire bijdragen publiceerde hij in flamingantische bladen. Zijn debuut was in 1916 met de bundel *Music-Hall* en daarna volgde de bundel *Het Sienjaal.*

In het eind van 1917 was hij betrokken bij een activistische betoging tegen kardinaal Marcier waardoor hij een geldboete en een veroordeling tot gavangenisstraf teweegbracht. In November 1918 vluchtte Van Ostaijen met zijn vriendin Emmke Clèment naar Berlijn om de vervolging in België te ontlopen. In Berlijn was voor hem geen goede periode. Hij leefde in armoede. Van Ostaijen was in Berlijn niet de spil van de artistieke gebeurtenissen, wat in Antwerpen wel het geval was geweest. Nittemin ontstonden in Berlijn zijn twee belangrijkste dadaïstische gedichten *De feesten van angst en pijn* en *Betette stad.* 1921 kwam hij naar België terug an een amnestie en volbracht met tegenzin zijn dienstplicht in het Belgische leger. Na zijn terugkeer keerde zich van Ostaijen van Dada af en propageerde zuivere lyriek: *Poëzie is woordkunst en geen middel om andere doelen te bereiken. Poëzieheeft eigenlijk niets te vertellen, buiten uitzeggen van het- vervuld-zijn-van-het-ontzegbare.* Na 1924 organiseerde hij in de galerie exposities van internationaal bekende schilders en gaf lezingen over moderne kunst en poëzie. Daarnaast publiceerde hij gedichten, proza, essays en recensies. Hij had grote problemen met zijn longen na een longenontstaking en moest vaak rust op de platteland zoeken. Vanaf september verbleeft hij in het sanatorium waar hij onverwacht in de nacht van 17 op 18 maart 1928 in Aoverleed.

2. De Berlijnse periode

2.1. Berlijn in de fin de siècle

 In de tijd van eeuwwisseling was Berlijn de dicht bevolkte stad van de wereld. Er wordt veel gebouwd vooral voor de steeds in het Noorden en het Oosten van de stad grotere arbeidersklasse (zo genoemde Mietskasernen). Het ontstond het nieuwe Westen van Ku´amm tot Schloss Charlottenburg met trambanen, electititeit en moderne woningen. De tijd van keiser Wilhelm de Tweede.Het cultuurleven bevindt zich niet in het midden van stad maar echter buiten. De kunstenaar en schrijvers ontmoeten echter in salons van bekende personen dan in de stad. Af en toe zijn de cafe´s als *Zum schwarzen Ferkel* schouwburgen van het kunstenaarsontmoetingen. Dat is de tijd van het realisme en Berlijnse secession.

2.2. Ostaijen in Berlijn

Berlijn verbracht Van Ostaijen drie jaar van de herfst 1918 tot de herfst1921. In de gezelschap van de vriendin Emmke Clèment vertrok hij naar Berlijn. Paul en Emma betrokken een kamer in Wilhelmstrasse 3B, waar zij terechtkwamen in de revolutie, die op 9. november 1918 uitbrak.Enkele weken later vertrokken zij naar Joachim- Friedrichstrasse 10. Toenmaals was de Duitsehoofdstad ten prooi aan de geestleijke en materiële ellende van e verloren oorlog. Duitsland was op de rand van de burgeroorlog. Berlijn was in die tijd de schouwburg van het machtstrijd tussen de socialisten van Fritz Ebert en de communistische Spartacusbonden van Karl Liebknecht en Rosa Luxemburg, waarmee Van Ostaijen sympatiseerde Nast de politieke ramp was Berlijn in diezelfde tijd het brandpunt van artistieke revolutie. Berlijn was een zeer grimmige maar artistiek bloeiende stad. In die jaren beroerde het politieke dadaïsme het cultuurleven in Berlin van 1918 tot 1921 dus precies die jaren die Van Ostaijen daar verbleef. Paul van Ostaijen was ooggetuge van de dadaistische manifestaties onder het motto's *Dada ist politisch, Kunst ist tot.* Het gevolg van de contact met Dada- beweging zijn twee boken *De feesten van angst en pijn* en *Betette stad.* Niet alleen met Dada maar ook met de expressionistische beweging *Der Sturm* raakt Van Ostaijen in Berlijn in contact. Opvallend is dat Van Ostaijen in Berlijn het gezellschap van de letterkundigen zoveel mogelijk ontliep. Hij had echters contact met verschillende Duitse kunstenaars, ondermeer in *Cafè des Westens,* waar hij geregeld gast was. Materieel leefde hij in vrij penieble omstandigeden. Hij leefde in armoede. Zijn baantjes als sigarettenverkoper, oppikker voor een nachtlokaal of schoenverkoperbrachten weinig geld. Hij leefde op de kap van Emmke die als manequin en fotomodel werkte. Ook zijn broer Constantin stuurde hem af en toe geld. Van Ostaijen liep in het marasme van het naoorlogse Berlijn. Zijn humanitaire idealen, die hij in *Het Sienjaal* formuleerde leden schipbreuk. Hij raakt in een crisis, had heimwee en zal wel lefdesvedriet gehad hebben na de breuk met Emmke. Op 23 mei 1920 had Van Ostaijen aan Eugene de Bock laten weten dat hij *het leven te Berlijn moe was.* In de herfst 1921 waagde hij naar België terug te keren.

3. Het beeld van Berlijn in hun werken

3.1. Ferne komm ich her... Erinnerungen an Berlin und Krakau van Stanislaw Przybyszewski 1985

Ferne kom ich her – Persoonlijke, biografische ervaringen van de auteur, geschreven in Polen de eerste deel 'Unter den Fremden', hier beschrijft Przybyszewski zijn persoonlijke belevenisse in de kunstenaarskringen in Berlijn. Berlijn is alleen de setting van de belevenisse. Hoewel de ik- figuur en zijn ervaringen als ook manifesten van Przybyszewski cantraal staan, is Berlijn de achtergrond van de gebeurtenissen, maar de auteur geeft ook vaak zijn steming over de stad en zijn inwoners. In dit boek kan men zoveel 'referentiele als ook sematische Stadtkonstitutionen'[1] terugvinden. De aandenken zijn uit de perspectief van de tijd geschreven ongeveer 15 jaar later na Przybyszweskis verbleef in Berlijn en gepubliceerd eerst in 1985. Bijna 50 jaar na de dood van de auteur.

Referentieel, er worden twee platsen genoemd

- Berlijn- Freidrichshagen als plaats van kringen van kunstenaars, boheme

---

[1] Mahler, Andreas:

ʹIm schönen Friedrichshagen bei Berlin, wo sich damals die ganze Boheme Deutschlands eingenistet hatte fand er (Ola Hansson) eine geistliche Zufluchtstätteʹ 65

Friedrichshagen, eine sehr schöne Ortschaft, eigentlich eine kleine Stadt im Osten von Berlin, an einer Seenkette- den Müggelseen – gelegen, umrahmt von Hügeln- den Müggelbergen -, liegt eingebetet in ausgedehnte, schöne Kiefernwälder, so dass man jedes Haus für ein Frosthaus halten kann, auch das von Hansson, und dieses Friedrichshagen war zu jeder Zeit fast ein literarisches Programm. 84

- Wedding en het arbeidersgedeelte:

Ich hätte diese Reise zum Wedding- brrr!, was für eine Gegend, ich sehe sie zum ersten und zum letzten Malʹ

Semantisch:

Het bekende stad – natuur verschil is bij Przybyszewski terug te vinden

Sie alle waren dem steinernen Meer der Großstadt entronnen: untragbar und mörderisch erschien ihnen das Leben ohne Natur, ein reiner Kulturästhetizismus stellte sie nicht zufrieden; hier, im Schlosse der Natur, inmitten von Wäldern und Seen, erhoffen sie sich Linderung und Stille, denn ein jeder war vor allem Philosoph und mit allen Fasern dem Mystizismus von Hölderlin, Novalis, Fechner verhaftet, und ein jeder suchte für sich Befreiung- nicht in der Kunst , obschon sie zahllose Bände in Lyrik und Prosa verfassten, sondern in der Beglückung der Menschheit. 85 Hier wordt ook meteen gezegd dat de kunstenaar de aansluiting bij de natuur nodig heeft.

- Berlijn als meer

Gegen Abend ging ich zu Dehmel. Er wohnte ihm fünften Stock, und das Haus schien am höchsten Punkt Berlins gelegen zu sein, denn von Dehmels Wohnungsfenster aus bot sich ein unvergleichbarer Blick auf ganz Berlin oder vielmehr auf ein unübersehbares Meer von Dächern, Türmen, Kuppeln, Fabrikschornsteinen; das erste und einzige Mal, da mir in dieser dezimierte gerade die Cholera Hamburgs Bevölkerung – Berlin beinahe schön vorkam. 102

- vooroordelen tegenover Duitsers- Polse stereotypische beeld van Duitsers

ʹ Der Deutsche kennt nur die Empörung, er kennt keine Rebellion. Und wenn er schon mal rebelliert, dann packt ihn entsetzen bei dem Gedanken, was das für Folgen haben könnteʹ 68- de onmogelijkhei tot opstand, een verschil tussen Polen en Duitsland, die Polen zijn vertrouwd met opstanden.

- politiestad ʹAm nächsten oder übernächsten Tag wurde Grabowski verhaftet, ich saß schon im Gefängnis Moabit, und als ich wieder freigelassen wurde, fand ich eine Aufforderung vor, beim Rektor, dem großen Virchow, zu erscheinen, die mich mit folgenden Worten entließ

Wenn Sie von der Universität nicht weggehen, so werden Sie gegangen' 75-

- bier drinken

Keiner von der deutschen Künstlern, auch nicht der kultivierteste, hatte die Unarten des deutschen Burschenschaftlers abgelegt, jeder bildete sich etwas ein auf sein zersäbeltes Gesicht, auf seine Burschikosen Umgangsformen, kam nicht aus ohne seinen Frühschoppen, nach dem ihm für en ganzen Tag ein paar Maß Bier das Hirn vernebelten. 85

- de positie van de vrouw 'Am Geistesleben des Künstlers hatte die deutsche Frau meistens keinen Anteil, sie konnte ihn nicht haben, und man muss ihr noch zugute halten, dass sie keinerlei Anspruch auf einen Platz im Leben ihres Mannes stellte. Sie war für dreifache K zuständig- genauso wie es Wilhelm der 2. von der Frau verlangt hatte: für Kinder, Küche, Kirche' 86 – dat is noch steeds een vooroordeel in Polen

- Beeld van de kunstenaars,

'Ungefähr so behandelte die deutsche Gesellschaft die Handvoll Künstler, die dazumal Ansehen genossen, natürlich nur im Ausland. In ihrer Heimat Schmarotzer, Räuberpack, chemisch gereinigt von jeglichem Gefühl für Ethik und soziale Gemeinschaft, eine Anarchistenbande, dauernd bei der Staatsanwaltschaft angezeigt, Pornographen, aber ja! Halbverrückte Säufer, die zu allem Überfluss nicht einmal Steuer zahlen konnten!

- het gevoel van anders- zijn in Berlijn

Und so hätte ich mein berühmter Aufenthalt in meiner geistigen Heimat. (…) ein fremder Ankömmling jenseits des Meeres. 193

3.2. Paul van Ostaijen en zijn *Bezette stad*

De jaren in Berlijn werden voor Paul van Ostaijen een literair zeer vruchtbare periode. De hanschrift van *Bezette stad* bracht Oscar Jaspers naar Antwerpen en samen met Rene Victor verzorgde hij er de uitgave van. De curieuze boek verscheen in maart 1921 in een oplage van 540 exemplaren. De *feesten van angst en pijn*, die een jaar vroeger als Bezette stad werd gescherven verscheen eesrst na de dood van de auteur. Bij Van Ostaijen zijn alleen semantische stadtkonstitutionen te vinden. De woord Berlijn wordt slechts een keer genoemd. *De bezette stad* is een 154 pagina's tellend gedicht en bestaat uit vier afdelingen: *Opdracht aan Mijnheer Zoënzo, Bedreigde stad, De kringen naar binnen* en *De aftocht*. Een gedicht kan je de tekst niet noemen omdat de kenmerken van een gedicht als rijm, metrum of strofenbouw zijn nauwelijks te vinden. *Bezette stad* wordt vaak als als een experimenttekst genoemd. De titel van het boek geeft aan dat de oorlog en het stadleven een belangrijke rol kunnen spelen.

In de eerste deel *Opdracht aan Mijnheer Zoënzo* legt Van Ostaijen aandacht op de afrekening met de oorlog. In deze deel werden filmtiteltjes, fragmenten uit populaire liedjes, operettes en opera's, namen van schepen, cafe's, bordelen, reclamen en andere teksten vrijwel zonder begeleidende verwijzingen naar hun oorspronkelijke context bijelkaar gezet. In de andere drie delen schetst Van Ostaijen een beeld van de snelle bezetting van Antwerpen tijdens de Eerste Wereldoorlog, het stilvallen maar ook weer opbloeien van het Antwerpse leven en de beëindiging van de bezetting.

Slachts in de eerste deel kan je Berlijn passages vinden. Dat zijn geen beschrijvingen maar losse woorden die met Berlijn en de stemming van de auteur in de Deuitse hoofdstad in verbond kunnen gebracht worden. Bij Van Ostaijen ontbreken de referentiele' Stadtkontitutionen' en de reconstructie van het beeld van Berlijn echter als een experiment kan beschouwd worden. De tekst is moelijk te interpreteren en je hebt nooit de zekerheid dat je in juiste richting gaat.

Al ook *De bezette stad* echter tot de literatuurwetenschappelijk ondezoek over het motief van de stad, afrekening met de oorlog of crisis van alle waarden kan behoren, zijn er enkele passages die iets over Berlijn vertellen en dat is vooral in de eerste deel van het boek.

In *De opdracht aan Mijnheer Zoënzo* begint Van Ostaijen met de namen van enkele films uit Europa en Amerika, waardoor hij naar de duizelingswekkende technische vooruitgang verwijst. De areo's blokkade, duikboten, vremde rassen, de woorden die los naelkaar op e bladzijde staan verwijzen naar de situatatie na de Eerste Wereldoorlog dus een apokaliptische tijd. Als men bedenkt dat voor de Eerste Wereldoorlog vliegtuigen nauwelijks het Kanaal konden overvliegen, zo in 1918 de vliegtuigen met tientalen tegelijk steden bombardeerden en de duikboten de zeeën doorkruisten, trotte at alle verbeelingskracht, daarom ook schrijft Van Ostaijen over onpoetische tijd en over *het begin van het einde*.

Met de zin *het begin van het einde* onderstrijpt hij de slechte toestand in Europa en vooral in de Duitse hoofdstad, die uitgehongerd en doodgebloed was. De stad kende geen vreugde maar wantrouwen van de verloren oorlog. Op sociaal en economisch vlak was het een warboel.

Verder schrijft Van Ostaijen:

De borst is leeg

> *Het kind werpt de fles weg*

> > *Kindermaiden huilen*

Hier komt de vergelijking van het utgehongerde Duitsland met een lege borst. De armoede, de miserie en de nood was zo groot dat de moeders die hun kind wilden zogen, door de grote voedselschaarste de borst niet meer konden geven. De kinderen die met de zuigfles gevoed werden, wierpen ze eenvouig weg want door de melkschaarste bleeft ze leg en gaan aan het huilen. Hier hebben wij dus de beschrijving van situatie in Berlijn na de Eerste Wereldoorlog. In volgende passage komt het gevoel van de jonge Vlaamse dichter

De laatste der MOHIKANEN

In de reest passende roman

Met deze woorden beschouwt de dichter zelf in Berlijn als laatste Mohikaner. Hij is eenzaam en afgezonderd van zijn Vlaamse vrienden en in de Berlijnse kunstenaarskringen maakt hij geen furore. Het gevoel van de afzonderheid en anders zijn begeleidt veel auteurs in Berlijn. Hetzelfde motief komt ook in de *Feesten van Angst en pijn,* waar Van Ostaijen zegt: *'Zie daar de laatste katholiek'*

Alles beproefd- met deze woorden duidt de dichter dat de Berlijnse tijd voor hem een periode van beproevingen was. Dat blijkt duidelijk uit veel dingen, vooral uit zijn correspondentie wordt dat toebeweerd. In de kunstenaarskringen werd hij enkel geduld. Hij zal nochtans deel uitmaken van een kleine vriendenkring. *'Het uitblijven van successen, geen maatschappelijke verandering en het gebrek aan belangstelling ontmoedigen de schrijver en gaven aanleiding tot een diep gevoel van wanhoop en tot het opgeven van alle idealen'*[2] In Duitsland keert hij alle politieke partijen de rug toe. Zijn humanitaire idealen uit zijn expressionistische tijd waren begoochelig en de waarheden onbelangrijk. De toestand van moedeloosheid, van vermoeienis en het alles opgeven wordt hier samen gevat *alles geproeft.* Deze stemming is niet alleen typisch voor e auteur maar voor de meeste inwoners van Berlijn.

Wij zijn aan het einde van alle ismen, isthem.

In Berlijn beleeft Van Ostaijen een zeer verwarde tijd, tijd waar ismen zich met een zelden bereikt tempo elkaar verdrongen. Expressionisme, futurisme, cubisme, aforisme. Geen vaste waarden blijven bestaan. Men bouwt op losse gronden. In Berlijn roept Dada uit *Kunst ist tot.* De toestand in Berlijn is angstwekkend. Het is een tijd van chaos en onzekerheid. Alle oude waaren worden opgegeven zonder nieuwe te ontdekken. Dat is een hopeloze toestand.

Van alle kathedralen, van alle profeten, van alle kateders

Door deze woorden wordt de vraag gesteld aan de katholieke geloofbelijnisse, positie van e kerk en filosofische ideeën, die waardeloos zijn geworden. Deze stemming is ook in *Feesten van angst en pijn* terug te vinden: *ik...de laatste heresiak van de leer de immanens, professoren hier is de laatste gnostiker.*

---

[2] Van Passel, Franz: Het tijdschrift *Ruimte* 1920-1921als brandpunt van humanitair expressionisme, Antwerpen 1958.

Wat zijn de geestelijke waarde nog waard? Alles steekt in crisis.

Nihil in alle richtingen#ihil in alle geslachten

Ihil in alle talen en alle dialecten

Nihil in alle lettertekens

Hier wordt nog een keer de waardelooshei onderstrepen. De tabula rasa heeft niets overgelaten, noch ideologisch, noch materialistisch en de omstandigeden hebben het ook zo gewild dat hij in Berlijn over niets stoffelijks meer beschikteals zijn zwaarte armoede. Om de volslagenheid van zijn nihilisme nog te beklemtonen schrijft hij verder dat vers en treft vaak:

schuld bij anderen,

      natuurlijk

        Citrone nature

De schuld voor het overschieten of het beschadigen van katedralen is natuurlijk bij de tegenstander te gaan weken. Het is nu eenmal zo dat er in oorlogstijd geen betekenissen afgelegt worden omtrent het schulig zijn.

de treinen hebben het maate ritme van moe mensen

Voor het eerst hebben we in it boek een ritmische topografie van de stad, het eerste afgemaakte beeld van een stad – Berlijn.

positief is zich overtuigen van leegte

Paul van Ostaijen is overtuigt dat als men iets wil beginnen, men eerst tot besef moet kommen van de complete leegte die hij gelijk stelt met het zinloosheid van het leven.

eerlijkheid met hoge hoed en geklede jas

godiens tiara kardinaalsrood

metafiziek met engelevluigels

Hier komt een sarkastisch beeld van de burgerij voor. De hoge hoed is het embleem van de burgerlijke samenleving. Het volstaat een hoge hoed en een geklede jas te dragen om het symbool van de eerlijkheid te zijn. Duidelijk is hier de abjectie aan het adres van de geklede ernstige burger.

Te Korfoe zijn de vrouwen zo

Benen dijen borsten Berlijn , Duitsland, BRUSSEL, Amsterdam, Boekarest, Londen, PARIJS

Met hulp van deze erotische kaart zullen we kunnen aflezen hoe de vrouwen in Korfoe zijn, hoe de benen, dijen en de borsten in Berlijn en andere hoofdsteden zijn en hoeveel gigolos, hoeren en eerlijke vrouwen inde hoofdsta rondlopen.

En gij hebt in vijf minuten gezien

De necropolis van Acropolis ruimschoots genoeg

Deze wooren moeten verklaard worden als de ondergang van de intelectuelle westerse beschaving. Na dde Eerste Wereldoorlog haden al de menselijke en sociale waarden hun inhoud verloren, elke fraaie leven en offer hadden tot niets gedient en er was geen uitkomst meer. Heel zeker in het Berlijn van 1918 tot 1921 dat de prooi was van onvoorstelbare geestelijke en materiele ellende.

In de *Bezette stad* van Van Ostaijen kan men een beeld van Berlijn na de Eerste Wereldoorlog reconstrueren. Dat is een heel anders beeld als wij dat bij Kusters of Otten hebben gezien. Er zijn in de tekst geen referencielle Kontstitutionen, Berlijn komt een keer voor. Te vinden zijn alleen semantische Konstitutionen, die stekt bij de biografie van de auteur aansluiten. Bij de interpretatie van deze tekst bestaat de moeilijkheid dat de tekst een experiment is, waarin het om oorlog, nihilisme, waarden en ellende gaat. Om het beeld van Berlijn in it biek te kunen tonen, moet je zich vaak bij de interpretatie in de biografie van Van Ostaijen en geschiedenis van Berlijn verdiepen. Het Beeld van Berlijn in Ostaijens boek is erg persoonlijk en gebonden aan zijn sombere stemming, die hij in de Duitse hoofdstad had.

1.	gegevens van de auteurs
Stanislaw Przybyszewski	**Paul van Ostaijen**
Toneelschrijver, romanschrijver, dichter, publicist, vertaler (Łojewo, 7.05.1868 – Jaronty, 23.11.1927, Polen)Stanisław Przybyszewski was de zoon van een dorpsonderwijzer in een klein dorpje vlakbij Torun. Eerst was hij leerling aan het Duitse gymnasium in Toruń. 1889 vertrok hij naar Berlijn waar hij architectuur en medicijnen studeerde. In 1891 werkte hij om in zijn levensonderhoud te voorzien in de redactie van *Gazeta Robotnicza*. Door de samenwerking aan de komunistische tijdschrift werd hij uit de universiteit verbannen. In Berlijn kwam Przybyszewski in aanraking met uitmuntende persoonlijkheden uit het culturele leven in Berlijn, zoals o.a. Alfred Mombert, Edvard Munch, Ola Hansson. Daar kwam ook in aanraking met de nieuwe stromingen in de geesteswetenschappen: met het naturalisme van Emile Zola, met de filosofie van Arthur Schopenhauer, Friedrich Nietsche en Henri Bergson. In 1893 trouwde hij met de Noorse Dagny Juel, die gezien werd als een *femme fatale*, maar had een sterke positie in Berlijnse artistieke bohémien. In 1898 vertrok Przybyszewski naar Krakau waar hij al snel de leider werd van de artistieke bohémiens van 'Młoda Polska'. In zijn schrijverschap zijn manifesten die moderniserende leuzen propageerden als "kunst voor de kunst" te vinden. Veel helden in zijn drama's weer geslingerd tussen de deterministische natuurwetten en een enorme levenswil. Hij overleed in een dorp in Polen in 1927.	Leopold Andreas van Ostaijen werd op 22. februari 1896 in Antwerpen geboren. Eerst volgde hij katholieke scholen. Hij was geen goede leerling. Terwij zijn medeleerlingen nar Gezelle en Van de Woestijne keken, toont hij de belangstelling voor Rilke, Rimbeaud en Verlaine. Hij werd von de jezuïtenschool gestuurd omdat hij verboden lectuur las en verspreidde. Hij ging naar de koninklijk atheneum, waar hij zich bij de literair *Vlaamsche Bond* aansloot. Hij vooltiode zijn middelbare opleiding niet en ging aan de slag als bediende op het stadhuis van Antwerpen. Tijdens de Wereldoorlog publiceerde hij in verschillende kranten als *De Vlaamsche Gazet* of *Antwerpsche Courant*. In die tijd proefde Ostaijen gretig van het nachtleven en cocaïne. Zijn eerste door Duitse expressionisme beïnvloede literaire bijdragen publiceerde hij in flamingantische bladen. Zijn debuut was in 1916 met de bundel *Music-Hall* en daarna volgde de bundel *Het Sienjaal*. In het eind van 1917 was hij betrokken bij een activistische betoging tegen kardinaal Marcier waardoor hij een geldboete en een veroordeling tot gavangenisstraf teweegbracht. In November 1918 vluchtte Van Ostaijen met zijn vriendin Emmke Clément naar Berlijn om de vervolging in België te ontlopen. In Berlijn was voor hem geen goede periode. Hij leefde in armoede. Van Ostaijen was de spil van de artistieke gebeurtenissen, wat in Antwerpen wel het geval was geweest. Nittemin ontstonden in Berlijn zijn twee belangrijkste dadaïstische gedichten *De feesten van angst en pijn* en *Betette stad*. 1921 kwam hij naar België terug en een amnestie en volbracht met tegenzin zijn dienstplicht in het Belgische leger. Hij had grote problemen met zijn longen na een longenontstaking en moest vaak rust op de platteland

zoeken. Vanaf september verbleeft hij in het sanatorium waar hij onverwacht in de nacht van 17 op 18 maart 1928 overleed.

2.Berlijnse periode

1892-1898	1918-1921
Berlijn in de fin de siècle. In de tijd van eeuwwisseling was Berlijn de dicht bevolkte sta van de wereld. Er word veel gebouwd vooral voor de steeds in het Noorden en het Oosten van de stad grotere arbeidersklasse (zo genoemde Mietskasernen). Het ontstond het nieuwe Westen Van Ku´amm tot Schloss Charlottenburg met rambanen, electititeit en moderne woningen. De tijd van keiser Wilhelm de Tweede.Het cultuurleven bevindt zich niet in het midden van stad maar echter buiten. De kunstenaar en schrijvers ontmoeten echter in salons van bekende personen. Af en toe zijn de cafe´s als *Zum schwarzen Ferkel* schouwburgen van het kunstenaarsontmoetingen. Dat is de tijd van het realisme en Berlijnse secession.	**Ostaijen in Berlijn** Berlijn verbracht Van Ostaijen drie jaar van de herfst 1918 tot de herfst1921. In de gezelschap van de vriendin Emmke Clèment vertrok hij naar Berlijn. Paul en Emma betrokken een kamer in Wilhelmstrasse 3B, waar zij terechtkwamen in de revolutie, die op 9. november 1918 uitbrak.Enkele weken later vertrokken zij naar Joachim- Friedrichstrasse 10. Toenmaals was de Duitse hoofdstad ten prooi aan de geestlijke en materiële ellende van de verloren oorlog. Duitsland was op de rand van de burgeroorlog. Berlijn was in die tijd de schouwburg van het machtstrijd tussen de socialisten van Fritz Ebert en de communistische Spartacusbonden van Karl Liebknecht en Rosa Luxemburg, waarmee Van Ostaijen sympatiseerde Nast de politieke ramp was Berlijn in diezelfde tijd het brandpunt van artistieke revolutie. Berlijn was een zeer grimmige maar artistiek bloeiende stad. In die jaren beroerde het politieke dadaïsme het cultuurleven in Berlin van 1918 tot 1921 dus precies die jaren die Van Ostaijen daar verbleef. Paul van Ostaijen was ooggetuge van de dadaïstische manifestaties onder het motto´s *Dada ist politisch, Kunst ist tot*. Het gevolg van de contact met Dada- beweging zijn twee boeken *De feesten van angst en pijn* en *Betette stad*. Niet alleen met Dada ook met de expressionistische beweging *Der Sturm* raakt Van Ostaijen in Berlijn in contact. Opvallend is dat Van Ostaijen in Berlijn het gezelschap van de letterkundigen zoveel mogelijk ontliep. Hij had echters contact met verschillende Duitse kunstenaars, ondermeer in *Café des Westens*, waar hij geregeld gast was. Materieel leefde hij in vrij penieble omstandigeden. Hij leefde in armoede. Zijn baantjes als sigarettenverkoper, oppikker voor een nachtlokaal of schoenverkoperbrachten weinig geld. Hij leefde op de kap van Emmke die als manequin en fotomodel werkte. Ook zijn broer Constantin stuurde hem af en toe geld. Van Ostaijen liep in het marasme van het naoorlogse Berlijn. Zijn humanitaire idealen, die hij in *Het Sienjaal* formuleerde leden schipbreuk. Hij raakt in een crisis, had heimwee en zal wel lefdesvedriet gehad hebben na de breuk met Emmke. Op 23 mei 1920 had Van Ostaijen aan Eugene de Bock laten weten dat hij *het leven te Berlijn moe was*. In de herfst 1921 waagde hij naar België terug te keren.

3. Het beeld van Berlijn in werken- overeenkomst en verschil

Ferne komm ich her... Erinnerungen an Berlin und Krakau van Stanislaw Przybyszewski 1985	De bezette stad 1921

13

Berlijn als setting- persoonlijke, biografische ervaringen van de auteur, geschreven in Polen de eerste deel 'Unter den Fremden', hier beschrijft Przybyszewski zijn persoonlijke belevenisse in de kunstenaarskringen in Berlijn. Berlijn is alleen de setting van de belevenissen.

De aandenken zijn uit de perspectief van de tijd geschreven ongeveer 15 jaar later na Przybyszewskis verbleef in Berlijn en gepubliceerd eerst in 1985. Bijna 50 jaar na de dood van de auteur.

- 'referentiele als ook sematische Stadtkonstitutionen'
-referentieel, er worden twee platsen genoemd
Berlijn- Freidrichshagen als plaats van kringen van kunstenaars, boheme, Wedding en het arbeidersgedeelte
-semantisch:
-het bekende stad – natuur verschil is bij Przybyszewski terug te vinden
- Berlijn als meer
- vooroordelen tegenover Duitsers- Polse stereotypische beeld van Duitsers politiestad, bier drinken, de positie van de vrouw, beeld van de kunstenaars
-het gevoel van anders- zijn in Berlijn

De jaren in Berlijn werden voor Paul van Ostaijen een literair zeer vruchtbare periode. De handschrift van *Bezette stad* bracht Oscar Jaspers naar Antwerpen en samen met Rene Victor verzorgde hij er de uitgave van. De curieuze boek verscheen in maart 1921 in een oplage van 540 exemplaren.

-Berlijn kan als setting beschouwd worden maar dat is niet duidelijk
-er zijn alleen semantische stadtkonstitutionen te vinden.
--De titel van het boek geeft aan dat de oorlog en het stadleven een belangrijke rol kunnen spelen.
-In e eerste deel *Opdracht aan Mijnheer Zoënzo* legt Van Ostaijen aandacht op de afrekening met de oorlog. In de andere drie delen schetst Van Ostaijen een beeld van de snelle bezetting van Antwerpentijdens de Eerste Wereldoorlog, het stilvallen maar ook weer opbloeien van het Antwerpse leven en de beëindiging van de bezetting.
--slechts in de eerste deel kan je Berlijn passages vinden. Dat zijn geen beschrijvingen maar losse woorden die met Berlijn en de stemming van de auteur in de Deuitse hoofdstad in verbond kunnen gebracht worden.
r –er ontbreken de referentiele' Stadtkontitutionen' en de reconstructie van het beeld van Berlijn echter als een experiment kan beschouwd worden.
-de woorden die los naelkaar op e bladzijde staan verwijzen naar de situatatie na de Eerste Wereldoorlog dus een apokaliptische tijd..
- hij onderstrijpt de slechte toestand in Europa en vooral in de Duitse hoofdstad, die uitgehongerd en doodgebloed was. De stad kende geen vreugde maar wantrouwen van de verloren oorlog. Op sociaal en economisch vlak was het een warboel.
-de vergelijking van het utgehongerde Duitsland met een lege borst.
I – dichter als laatste Mohikaner, eenzaam en afgezonderd
-de Berlijnse tijd was voor hem een periode van beproevingen.
- de toestand van moedeloosheid, van vermoeienis en het alles opgeven.
-geen vaste waarden blijven bestaan. Men bouwt op losse gronden. - tijd van chaos en onzekerheid, hopeloze toestand.
- de vraag aan de katholieke geloofbelijnisse, positie van de kerk en filosofische ideeën, die waardeloos zijn geworden.
-de vraag naar de schuld
- het nieuwe begin
-de abjectie aan het adres van de geklede ernstige burger.
-de ondergang van de intelectuelle westerse beschaving.

Literatuur:

Primair:

Paul van Ostaijen: *Verzamelde gedichte. Bezette stad,* Amsterdam 1987.

Stanislaw Przybyszewski: *Ferne komm ich hier...Erinnerungen an Berlin und Krakau,* Padeborn 1994.

Secundair:

Geritt Borgers: *Kroniek van Paul van Ostaijen,* Den Haag 1975.

Geert Buelens, *Van Ostaijen tot heden. Zijn invloed op de Vlaamse poëzie,* Nijmegen 2001

George Klim: *Stanisław Przybyszewski. Leben, Werk und Weltanschauung im Rahmen der deutschen Literatur der Jahrhundertwende. Biographie.* Igel-Verl., Paderborn 1992.

Gabriela Matuszek: *"Der geniale Pole"? Stanisław Przybyszewski in Deutschland (1892-1992).* Igel-Verl., Paderborn 1996.

Lut Missinne, [Hrsg.]: *Paul van Ostaijen, die Avantgarde und Berlin,* Münster 1998.

Adriaan de Rover: *Paul van Ostaijen ,* Antwerpen 1968.

Robert Snoek, *Paul van Ostaijen en zijn bezette stad. Literaire en zakelijke toelichtignen,* Berlin 1975.

Uyttersprot, Herman: Paul van Ostaijen en zijn proza, Antwerpen 1959.

Internetbronnen:

http://gutenberg.spiegel.de
http://www.culture.pl/de/culture/artykuly/os_przybyszewski_stanislaw
http://users.pandora.be/gaston.d.haese/biografie_pvo.html
http://home.deds.nl/~lendumont/pvo/cont25.html